AF233661

RÉPERTOIRE
GÉNÉRAL
DE TOUTES LES PIÈCES DE THÉÂTRE,

Qui fe repréfentent ordinairement, tant à Paris que dans la plupart des autres grandes Villes du Royaume de FRANCE ;

AVEC les Noms de leurs Auteurs & la date de leurs premieres Repréfentations :

Ouvrage deftiné principalement à l'utilité des Acteurs & Directeurs de Province, & qui n'eft pas moins avantageux pour les Amateurs de Spectacles, auxquels il fournit le Catalogue de la Bibliotheque Dramatique la plus complette.

PAR M. C. DU C***.

TRAGEDIES EN CINQ ACTES.

ABSALON, *Duché.*	1712
Adélaide du Guefclin, *Voltaire.*	1765
Adèle de Ponthieu, *Laplace.*	1757
Admete & Alcefte, *Ducis.*	1774

A

Alzire , *Voltaire.*   1736
Amasis, *la Grange Chancel.*   1701
Ameſtris, *Mauger.*   1747
Andromaque , *Racine.*   1667
Andronique, *Campiſtron.*   1685
Ariane , *Th. Corneille.*   1672
Ariſtomène , *Marmontel.*   1749
Artaxerce, *Lemiere.*   1767
Aſtarbé , *Colardeau.*   1758
Athalie , *Racine.*   1716
Atrée & Thieſte , *Crébillon.*   1707
Bajazet , *Racine.*   1672
Bérénice , *Racine.*   1671
Béverley , *Saurin.*   1768
Blanche & Guiſcard , *Saurin.*   1763
Britannicus , *Racine.*   1669
Brutus , *Voltaire.*   1730
Caliſte , *Colardeau.*   1760
Chéruſques , (les) *Bauvin.*   1772
Cid , (le) *P. Corneille.*   1636
Cinna , *P. Corneille.*   1639
Cosroès , *Lefevre.*   1767
Cromwel , *Du Clairon.*   1764
Denis le Tyran , *Marmontel.*   1748
Didon , *Lefranc.*   1734
Edouard III , *Greſſet.*   1740
Electre , *Crébillon.*   1708
Eſſex, (le Comte d') *Th. Corneille.*   1678
Eſther , *Racine.*   1721
Gabrielle de Vergy , *de Belloy.*   1769
Gaſton & Bayard , *de Belloy.*   1771
Guébres , (les) *Voltaire.*   1769

Guillaume Tell, *le Miere.* 1769
Guftave, *Piron.* 1733
Hamlet, *Ducis.* 1770
Héraclius, *P. Corneille.* 1647
Hérode & Mariamne, *Voltaire.* 1714
Hirza, *Saurigny.* 1767
Horace, *P. Corneille.* 1639
Hypermneftre, *le Miere.* 1758
Inès de Caftro, *la Motte.* 1723
Ino & Mélicerte, *la Grange Chancel.* 1713
Iphigénie, *Racine.* 1674
Iphigénie en Tauride, *la Touche.* 1765
Machabées, (les) *la Motte.* 1721
Mahomet, *Voltaire.* 1742
Mahomet II., *Lanoue.* 1739
Manlius Capitolinus, *Lafoffe.* 1698
Maximien, *la Chauffée.* 1738
Médée, *Longepierre.* 1694
Mérope, *Voltaire.* 1743
Mithridate, *Racine.* 1673
Nicomède, *P. Corneille.* 1652
Œdipe, *Voltaire.* 1718
Olimpie, *Voltaire.* 1764
Olinde & Sophronie, *Mercier.* 1771
Orefte, *Voltaire.* 1761
Orphanis, *Blin de Saint-More.* 1773
Orphelin de la Chine, (l') *Voltaire.* 1755
Pénélope, *Geneft.* 1684
Phèdre & Hippolyte, *Racine.* 1677
Philoctète, *Châteaubrun.* 1755
Pirrhus, *Crébillon.* 1726
Polieucte, *P. Corneille.* 1640

A 2

Pompée, (la Mort de) *P. Corneille.*   1641
Rhadamiste & Zénobie, *Crébillon.*   1711
Richard III, *de Rosoy.*   1773
Rodogune , *P. Corneille.*   1646
Rome Sauvée , *Voltaire.*   1752
Romeo & Juliette , *Ducis.*   1772
Scévole , *du Ryer.*   1646
Scythes , (les) *Voltaire.*   1767
Sémiramis , *Voltaire.*   1748
Sertorius , *P. Corneille.*   1662
Siége de Calais , (le) *de Belloy.*   1765
Sophonisbe , *Mairet, Voltaire.*   1770
Spartacus , *Saurin.*   1760
Tancrede , *Voltaire.*   1760
Triumvirat , (le) *Crébillon.*   1754
Troyennes , (les) *Châteaubrun.*   1754
Varvick , (le Comte de) *la Harpe.*   1763
Venceslas , *Rotrou, Marmontel.*   1758
Venise Sauvée , *Laplace.*   1746
Zaïre , *Voltaire.*   1732
Zarucma , *Cordier.*   1762
Zelmire , *de Belloy.*   1762

EN TROIS ACTES.

ÉRICIE.

Mort de César , (la) *Voltaire.*   1743
Mort de Socrate , (la) *Saurigny.*   1763
Regulus , *Dorat.*   1773

COMÉDIES EN CINQ ACTES.

Amans Magnifiques, (les) *Moliere.* 1670
Ambitieux & l'Indiscrette, (l') *Destouches.* 1737
Andrienne, (l') *Baron.* 1703
Avare, (l') *Moliere.* 1668
Baron d'Albikrac, (le) *Th. Corneille.* 1668
Bourgeois Gentilhomme, (le) *Moliere.* 1670
Bourgeoises à la Mode, (les) *Dancourt.* 1692
Cénie, *Madame de Graffigny.* 1750
Chevalier à la Mode, (le) *Dancourt.* 1687
Complaisant, (le) *Pont-de-Vele.* 1732
Comtesse d'Orgueil, (la) *Th. Corneille.* 1670
Coquette Corrigée, (la) *la Noüe.* 1756
Coquette & la fausse Prude, (la) *Baron.* 1686
Coups de l'Amour & de la Fortune, (les) *Quinault.* 1656
Crispin Muficien, *Hauteroche.* 1674
Curieux Impertinent, (le) *Destouches.* 1710
Dehors Trompeurs, (les) *Boissy.* 1740
Démocrite Amoureux, *Regnard.* 1700
Depit Amoureux, (le) *Moliere.* 1658
Déferteur, (le) *Mercier.* 1770
Deux Amis, (les) *Beaumarchais.* 1770
Deux Reines, (les) *Dorat.* 1770
Devinereffe, (la) *Visé & Th. Corneille.* 1679
Diffipateur, (le) *Destouches.* 1753
Diftrait, (le) *Regnard.* 1697
Dom Japhet d'Armenie, *Scarron.* 1653
Dom Sanche d'Arragon, *P. Corneille.* 1651
Droit du Seigneur, (le) *Voltaire.* 1762

Ecole des Amis, (l') *La Chauffée.*	1737
Ecole des Femmes, (l') *Moliere.*	1666
Ecole des Meres, (l') *la Chauffée.*	1744
Ecossaise, (l') *Voltaire.*	1760
Enfant Prodigue, (l') *Voltaire.*	1736
Esope à la Cour, *Bourfault.*	1701
Esope à la Ville, *Bourfault.*	1690
Esprit Follet, (l') *Hauteroche.*	1684
Etourdi, (l') *Moliere.*	1658
Eugenie, *Beaumarchais.*	1767
Fabriquant de Londres, (le) *Falbaire.*	1771
Femme Juge & Partie, (la) *Montfleuri.*	1669
Femmes Savantes, (les) *Moliere.*	1672
Feftin de Pierre, (le) *Th. Corneille.*	1673
Fille Capitaine, (la) *Montfleuri.*	1669
Fils Ingrats, (les) *Piron.*	1728
Fils Naturel, (le) *Diderot.*	1771
Force du Naturel, (la) *Deflouches.*	1750
Geolier de Soi-même, (le) *Th. Corneille.*	1655
Glorieux, (le) *Deflouches.*	1732
Gouvernante, (la) *la Chauffée.*	1747
Homme à Bonne Fortune, (l') *Baron.*	1686
Homme Singulier, (l') *Deflouches.*	1764
Honnête Criminel, (l') *Falbaire.*	1767
Important, (l') *Brueys.*	1693
Inconnu, (l') *Th. Corneille & Vifé.*	1675
Irréfolu, (l') *Deflouches.*	1713
Jaloux Défabufé, (le) *Campiftron.*	1709
Jaloux Honteux, (le) *Dufrefny.*	1708
Jenneval, *Mercier.*	1770
Jodelet Maître & Valet, *Scarron.*	1645
Joueur, (le) *Regnard.*	1696
Légataire, (le) *Regnard.*	1708

Mari fans Femme , (le) *Montfleuri.* 1663
Méchant, (le) *Greffet.* 1747
Médecin par occafion , (le) *Boiffy.* 1745
Méditant , (le) *Deftouches.* 1715
Melanide , *la Chauffée.* 1741
Menechmes , (les) *Regnard.* 1705
Menteur , (le) *P. Corneille.* 1642
Mere Coquette , (la) *Quinault.* 1665
Métromanie , (la) *Piron.* 1738
Mifantrope , (le) *Moliere.* 1666
Muet, (le) *Brueys & Palaprat.* 1691
Négociant , (le) *Dampierre.* 1763
Obftacle Imprévu , (l') *Deftouches.* 1717
Pere de Famille , (le) *Diderot.* 1761
Philofophe Marié , (le) *Deftouches.* 1727
Philofophe fans le favoir , (le) *Sedaine.* 1765
Préjugé à la Mode , (le) *la Chauffée.* 1735
Princeffe d'Elide , (la) *Moliere.* 1664
Ragotin , *la Fontaine.* 1684
Réconciliation Normande , (la) *Dufrefny.* 1719
Samfon , *Romagnefi.* 1730
Sermens Indifcrets , (les) *Marivaux.* 1732
Tambour Nocturne , (le) *Deftouches.* 1762
Tartuffe , *Moliere.* 1667
Turcaret , *le Sage.* 1709

COMÉDIES EN QUATRE ACTES.

Indigent , (l') *Mercier.* 1778
Mercure , (le) *Bourfault.* 1679
Ramir , *Mailhol.* 1757

COMÉDIES EN TROIS ACTES.

Alcibiade, *Poisson.* 1731
Alcidonis. 1773
Amans Déguisés, (les) *Aunillon.* 1728
Amans Ignorans, (les) *Autreau.* 1720
Amans Réunis, (les) *Beauchamp.* 1727
Amant Prothée, (l') *Romagnesi.* 1739
Amazones Modernes, (les) *le Grand.* 1727
Amour Médecin, (l') *Moliere.* 1665
Amour pour Amour, *la Chaussée.* 1742
Amour Précepteur, (l') *Gueulette.* 1726
Amphytrion, *Moliere.* 1668
Arlequin Sauvage, *de l'Isle.* 1721
Bal d'Auteuil, (le) *Boindin.* 1702
Belphegor, *le Grand* 1721
Bourgeoises de Qualité, (les) *Dancourt.* 1700
Bourru Bienfaisant, (le) *Goldoni.* 1771
Caquets, (les) *Riccoboni.* 1761
Cocu Imaginaire, (le) *Moliere.* 1660
Contretemps, (les) *la Grange.* 1736
Coquette Fixée, (la) 1745
Crispin Médecin, *Hauteroche.* 1673
Démocrite prétendu Fou, *Autreau.* 1730
Deuil Anglois, (le) *Rochon.* 1757
Double Extravagance, (la) *Bret.* 1750
Double Inconstance, (la) *Marivaux.* 1723
Double Veuvage, (le) *Dufresny.* 1702
Dupuis & Desronais, *Collé.* 1763
Ecole des Bourgeois, (l') *d'Alainval.* 1770

Ecole des Maris, (l') *Moliere.* 1661
Embarras des Richesses, (l') *d'Alainval.* 1725
Fâcheux, (les) *Moliere.* 1661
Faucon, (le) *de l'Isle.* 1725
Fausse Agnès, (la) *Destouches.* 1759
Fausse Antipathie, (la) *la Chaussée.* 1733
Fausses Confidences, (les) *Marivaux.* 1736
Fausse Suivante, (la) *Marivaux.* 1724
Faux Ami, (le) *Mercier.* 1772
Faux Savant, (le) *du Vaure.* 1749
Fées, (les) *Dancourt.* 1699
Fées, (les) *Procope & Romagnesi.* 1736
Femme Jalouse, (la) *Joli.* 1730
Feinte par Amour, (la) *Dorat.* 1773
Fille Arbitre, (la) *Romagnesi.* 1738
Folies Amoureuses, (les) *Regnard.* 1704
Fourberies de Scapin, (les) *Moliere.* 1671
George Dandin, *Moliere.* 1668
Grondeur, (le) *Brueys & Palaprat.* 1691
Heureux Stratagême, (l') *Marivaux.* 1733
Homme Dangereux, (l') *Palissot.* 1771
Isle Sauvage, (l') *Saintfoix.* 1743
Jeu de l'Amour & du Hazard, (le) *Marivaux.* 1730
Jeune Grecque, (la)
Lot Supposé, (le) *Dufresny.* 1715
Malade Imaginaire, (le) *Moliere.* 1673
Marianne, *Monvel.* 1768
Mari Garçon, (le) *Boissy.* 1742
Mariage fait & rompu, (le) *Dufresny.* 1721
Mariage Interrompu, (le) *Cailhava.* 1769
Médecin malgré lui, (le) *Moliere.* 1666
Melezinde, *le Beau de Schosne,* 1758

Mere Confidente, (la) *Marivaux.*	1735
Nanine, *Voltaire.*	1749
Nom Changés, (les) *Brunet.*	1758
Nouveau Monde, (le) *Pellegrin.*	1722
Nouvelle Ecole des Femmes, (la) *Moiſſy,*	1758
Orphelin Anglais, (l')	1769
Partie de Chaſſe d'Henri IV, (la) *Collé.*	1766
Patelin, (l'Avocat) *Brueys.*	1706
Perſifleur, (le) *Sauvigny.*	1771
Plaideurs, (les) *Racine.*	1668
Plutus, *le Grand.*	1720
Pourceaugnac, *Moliere.*	1669
Prince Traveſti, (le) *Marivaux.*	1724
Rival favorable, (le) *Boiſſy.*	1739
Roi de Cocagne, (le) *le Grand.*	1718
Ruſes d'Amour, (les) *Poiſſon.*	1736
Sage Étourdi, (le) *Boiſſy.*	1745
Sidney, *Greſſet.*	1745
Soliman II. *Favart.*	1761
Surpriſe de l'Amour, (la) *Marivaux.*	1722
Seconde Surpriſe de l'Amour, (la) *Marivaux.*	1727
Surpriſe de la Haine, (la) *Boiſſy,*	1734
Talens à la Mode, (les) *Boiſſy.*	1739
Théâtre à la Mode, (le) *la Valette.*	1767
Thimon le Miſantrope, *de l'Iſle.*	1721
Trois Couſines, (les) *Dancourt.*	1700
Valet Maître, (le) *Moiſſy.*	1751
Veuve à la Mode, (la) *Saintfoix.*	1726
Vie eſt un Songe, (la) *Boiſſy.*	1732
**** (la) *Boiſſy.*	1737

COMÉDIES EN DEUX ACTES.

Epoux par Supercherie, (l') *Boiffy*.	1744
Magnifique, (le) *la Motte*.	1731
Mort Marié, (le) *Sedaine*.	1769
Tuteurs, (les) *Paliffot*.	1754

COMÉDIES EN UN ACTE.

ADieux du Goût, (les) *Porcelane*.	1754
Amant Auteur & Valet, (l') *Cerou*.	1740
Amateur, (l') *Barthe*.	1765
Amour Diable, (l') *le Grand*.	1708
Amour Vengé, (l') *Lafont*.	1712
Anglois à Bordeaux, (l') *Favart*.	1763
Anglomanie, (l') *Saurin*.	1772
Aphos, *Baragué*.	1747
Apparence Trompeuse, (l') *Merville*.	1744
Après Souper des Auberges, (l') *Poiffon*.	1665
Arcapembis, *Romagnefi & Riccoboni*,	1726
Arlequin au Serrail, *Saintfoix*.	1747
Arlequin Hulla, *Romagnefi & Dominique*.	1728
Arlequin poli par l'Amour, *Marivaux*.	1720
Arlequin toujours Arlequin, *Romagnefi & Riccoboni*,	1726
Attendez moi fous l'Orme, *Regnard*.	1694
Avare Amoureux, (l') *d'Aiguebere*.	1726
Aveugle Clairvoyant, (l') *le Grand*.	1716
Babillard, (le) *Boiffy*.	1725

Bal, le) *Regnard.* 1696
Barbier de Bagdad, (le) *Palissot.* 1758
Baton de la Crasse, (le) *Poisson.* 1662
Billets Doux, (les) *Boissy.* 1734
Bon Soldat, (le) *Poisson.* 1691
Carosses d'Orléans, (les) *la Chapelle.* 1680
Centenaire de Moliere, (la) *Artaud.* 1773
Cercle, (le) *Poinsinet.* 1764
Charivari, (le) *Dancourt.* 1697
Cocher Supposé, (le) *Hauteroche.* 1680
Colin Maillard, *Dancourt.* 1701
Consentement forcé, (le) *Merville.* 1738
Coupe Enchantée, (la) *la Fontaine.* 1688
Cri de la Nature, (le) *Armand.* 1771
Crispin Bel Esprit, *la Thuillerie.* 1681
Crispin Précepteur, *la Thuillerie.* 1679
Crispin Rival, *le Sage.* 1707
Curieux de Compiegne, (les) *Dancourt.* 1698
Débuts, (les) *Dominique & Romagnesi.* 1729
Dédit, (le) *Dufresny.* 1715
Derviche, (le) *Saintfoix.* 1755
Deucalion & Pirrha, *Saintfoix.* 1741
Deuil, (le) *Hauteroche.* 1672
Dom Pasquin d'Avalos, *Montfleuri.* 1673
Double Déguisement, (le) *Saintfoix.* 1744
École Amoureuse, (l') *Bret.* 1747
École des Meres, (l') *Marivaux.* 1732
École du Tems, (l') *Pesselier.* 1738
Engagemens Indiscrets, (les) *Deraux.* 1752
Epouse Suivante, (l') *Chevrier.* 1755
Épreuve, (l') *Marivaux.* 1740
Épicure Réciproque, (l') *le Grand.* 1741

Efcarbagnas , (la Comteffe d') *Moliere.*   1672
Efope à Cythere , *Dancourt.*   1710
Efope au Parnaffe , *Pefelier.*   1739
Efprit de Contradiction , (l') *Dufrefny.*   1700
Efprit de Divorce.
Été des Coquettes , (l') *Dancourt.*   1690
Etourderie , (l') *Fagan.*   1737
Etrennes de l'Amour , (les) *Cailhava.*   1769
Famille Extravagante , (la) *le Grand.*   1709
Fat Puni , (le) *Pont de Véle.*   1738
Fauffes Infidélités , (les) *Barthe.*   1768
Femme Fille & Veuve , (la) *le Grand.*   1707
Fête d'Amour , (la) *Chevalier & Madame Favart.* 1754
Financier , (le) *Saintfoix.*   1761
Fleuve d'Oubli , (le) *le Grand.*   1721
Florentin , (le) *la Fontaine.*   1685
Folie du Jour , (la) *Boiffy.*   1735
François à Londres , (le) *Boiffy.*   1727
Gageûre Imprévue , (la) *Sedaine.*   1768
Galant Coureur , (le) *le Grand.*   1722
Galant Jardinier , (le) *Dancourt.*   1704
Graces , (les) *Saintfoix.*   1744
Héritier de Village , (l')
Heureufement , *Rochon.*   1762
Heureufe Rencontre , (l') *Mefdames Rozet &*
   Chaumont ,   1771
Hilas & Silvie , *Rochon ,*   1770
Hommes , (les) *Saintfoix.*   1753
Horofcope Accompli , (l') *Gueullette.*   1727
Impertinent , (l') *Defmahis.*   1750
Indifcret , (l') *Voltaire.*   1725
Impromptu de Campagne , (l') *Poiffon.*   1733

Inquiet, (l') *Fagan*.   1737
Isle Déserte, (l') *Collet*.   1758
Isle des Esclaves, (l') *Marivaux*.   1718
Je ne Sai Quoi, (le) *Boissy*.   1731
Jeune Indienne, (la) *Champfort*.   1764
Joie Imprévue, (la) *Marivaux*.   1738
Julie, *Saintfoix*.   1746
Legs, (le) *Marivaux*.   1736
Magie de l'Amour, (la) *Autreau*.   1735
Maison de Campagne, (la) *Dancourt*.   1688
Manie des Arts, (la) *Rochon*.   1763
Marchand de Smyrne, (le) *Champfort*.   1770
Mari Curieux, (le) *d'Alainval*.   1731
Mari Retrouvé, (le) *Dancourt*.   1698
Mariage Forcé, (le) *Moliere*.   1664
Mariage par Lettre de Change, (le) *Poisson*.   1735
Mascarades Amoureuses, (les) *Merville*.   1738
Méprises, (les) *P. Rousseau*.   1754
Métamorphose Amoureuse, (la) *le Grand*.   1712
Métempsycose, (la) *Yon*.   1760
Mœurs, (les) *Saurin*.   1760
Momus Fabuliste, *Fuzelier*.   1719
Mort de Bucephale, (la) *P. Rousseau*.   1754
Moulin de Javelle, (le) *Dancourt*.   1696
Naufrage, (le) *Lafont*.   1710
Negre Blanc, (le) *Dorvigny*.   1773
Nouveau Marié, (le) *Montfleuri*.   1673
Nouveauté, (la) *le Grand*.   1727
Oracle, (l') *Saintfoix*.   1740
Originaux, (les) *Fagan*.   1737
Parisienne, (la) *Dancourt*.   1691
Paysans de Qualité, (les) *Dominique & Romagnesi*, 1729

Philantrope, (le) *le Grand.* 1723
Pigmalion, *J. J. Rousseau.* 1772
Plaisir, (le) *Marchadier.* 1747
Port de Mer, (le) *Boindin.* 1704
Portrait, (le) *Beauchamp.* 1727
Précieuses Ridicules, (les) *Moliere.* 1659
Préjugé Vaincu, (le) *Marivaux.* 1746
Procureur Arbitre, (le) *Poisson.* 1728
Pupille, (la) *Fagan.* 1734
Rendez-vous, (le) *Fagan.* 1733
Retour de Mars, (le) *la Noue.* 1735
Retour de Tendresse, (le) *Fuzelier.* 1728
Retour Imprévu, (le) *Regnard.* 1700
Rival Supposé, (le) *Saintfoix.* 1749
Rival Suivante, (la) *P. Rousseau.* 1747
Serenade, (la) *Regnard.* 1695
Sicilien, (le) *Moliere.* 1667
Silphe, (le) *Saintfoix.* 1743
Silphide, (la) *Dominique & Romagnesi.* 1730
Somnambule, (le) *Pont de Véle.* 1739
Tableaux, (les) *Panard.* 1747
Tems Passé, (le) *le Grand.* 1725
Tems Présent, (le) *le Grand.* 1725
Tems Futur, (le) *le Grand.* 1725
Tour de Carnaval, (le) *d'Alainval.* 1726
Triple Mariage, (le) *Destouches.* 1716
Trois Bossus, (les) *Audierne.* 1740
Trois Freres Rivaux, (les) *Lafont.* 1713
Trois Gascons, (les) *Boindin.* 1701
Tuteur, (le) *Dancourt.* 1695
Usurier Gentilhomme, (l') *le Grand.* 1713
Vacances, (les) *Dancourt.* 1696

Vendanges , (les) *Dancourt.*	1694
Vendanges de Surêne , (les) *Dancourt.*	1695
Veuve Coquette , (la) *Desportes.*	1721
Zéloïde , *Saintfoix.*	1747
Zéneïde , *Cahufac & Watelet.*	1743
Zig-Zag , (le) *Poiffon.*	1662

PARODIES.

Agnès de Chaillot , *le Grand.*	1723
Bolus , (le)	
Bonne Fille , (la) *Cailleau.*	1763
Enfans Trouvés , (les) *Dominique , Romagnefi & Riccoboni.*	1732
Famille en défordre , (la) *Nougaret.*	1763
Magots , (les) *Boucher.*	1756
Mauvais Ménage , (le) *le Grand.*	1725
Œdipe Travefti , *Dominique.*	1719
Petite Iphigénie , (la) *Boucher.*	1757
Petite Sémiramis , (la) *Montigny.*	1748
Quand parlera-t-elle ?	
Sauvages , (les)	

Fin du Répertoire.